LE CHATEAU D'EDIMBOURG

CW00349744

L'ECOSSE  HISTORIQUE

EDINBURGH: HMSO

Texte de Richard Fawcett,
Iain MacIvor and Bent Petersen

Conception de
HMSO Graphic Design, Edimbourg

Photographie principale
du Graham Falconer Visual Arts Group
Edimbourg (Photographes : Graham
Falconer et Sean Hudson)
ISBN 0 11 492493 7

Tous nos remerciements pour avoir
autorisé gracieusement la reproduction de
photographies:

The Scottish Tourist Board
The Royal Commission on the Ancient
and Historical Monuments of Scotland
The National Library of Scotland
Edinburgh City Library
The Scottish National Portrait Gallery
The Scottish United Services Museum
The Scottish National War Memorial
Craig Lindsay
Brian Swinburne

INTRODUCTION

L'association du château d'Edimbourg à l'histoire de la nation écossaise remonte à très longtemps et de nombreux visiteurs de ce bâtiment considèrent que cet ensemble est l'incarnation la plus tangible de cette histoire. Sur le plan historique, ce groupe de bâtiments érigé pour des besoins spécifiques, bien que changeants, est hautement fascinant et le visiteur qui cherche des éclaircissements à ce sujet verra ses efforts récompensés.

Une étude sur le château doit très certainement commencer par l'escarpement rocheux sur lequel il se dresse : il s'agit d'un site magnifique et naturellement protégé formé au cœur d'un volcan éteint. L'action des glaciers a laissé des parois presque verticales sur les flancs nord et sud, avec une pente moins prononcée à l'ouest et une crête qui descend doucement vers l'est. Ce site a très certainement dû être rendu défensif depuis l'époque préhistorique, mais aucune preuve n'a permis de confirmer cette théorie. Les premières références de son occupation remontent au VIème siècle mais nous savons très peu de choses sur son utilisation à cette époque et ce n'est pas avant le XIème siècle que nous commençons à le considérer comme un château.

Il ne faut pas oublier qu'Edimbourg n'est devenue, pour parler moderne, la capitale de

l'Ecosse que dans les toutes dernières années du Moyen-Age. Avant cette époque, la capitale était le lieu de résidence du roi et de sa cour et Edimbourg n'était qu'un des centres importants de ce pays. Mais il est évident que le château était l'une des résidences favorites des rois écossais depuis au moins le XIème siècle. C'est là que mourut Sainte-Marguerite, peu de temps après avoir appris la mort de son mari, le roi Malcolm III, et celle de son fils aîné, en 1093. La chapelle, bâtiment le plus ancien du château, est consacrée à sa mémoire bien qu'il soit peut probable qu'elle été construite avant l'arrivée sur le trône de son fils cadet, David Ier, en 1124.

En dehors de la chapelle, nous ne savons pratiquement rien des premiers bâtiments de ce château. De 1174 à 1186 il est occupé par une garnison anglaise à la suite de la capture du roi Guillaume le Lion à Alnwick. Il est à nouveau repris par les Anglais en 1296 et change plusieurs fois de main pendant la lutte désespérée de l'Ecosse pour se libérer de la domination anglaise. Les Ecossais démolirent eux-mêmes les défenses du château en 1313 car ils ne souhaitaient pas qu'il soit détenu par les Anglais auxquels ils s'opposaient. Ce n'est que lors du programme important de reconstruction lancé par le roi David II après son retour de captivité en Angleterre, en 1356, que les murs du château ont commencé à prendre la forme qu'ils ont toujours de nos jours. Tout au long du Moyen-Age, ce château occupe essentiellement le sommet de cet escarpement rocheux et le roi David consacre tous ses efforts à l'érection d'une ligne défensive puissante pour barrer l'approche principale du château depuis l'est avec une grande tour (plus tard appelée la tour de David) qui devait lui servir de résidence, vers l'extrémité sud. Ces travaux sont poursuivis par son successeur, Robert II qui fit construire une grande porte surmontée d'une tour à l'extrémité nord de la muraille dressée en travers, avec une résidence prévue pour son Connétable aux derniers étages.

Les rois qui lui succèdent augmentent progressivement la superficie des logements royaux du château. Il est probable qu'une chambre que Jacques Ier s'était fait construire au sud de la tour de David, vers l'an 1430, se trouvait sur le site que devait plus tard occuper le bloc du palais. Cependant, la majorité des travaux mentionnés dans les archives qui ont survécu de ces bâtiments ont laissé peu de traces immédiatement apparentes du château et ce n'est qu'à partir du règne de Jacques IV et de ses successeurs que des vestiges substantiels

des bâtiments, à l'intérieur des murs du château, ont commencé à survivre sous une forme reconnaissable. Au début du XVIème siècle, Jacques IV fait achever un très beau grand hall qu'il a fallu bâtir sur des fondations massives le long du bord sud du château. C'est probablement lui également qui a commencé à donner à la partie méridionale du palais la forme qu'on lui connaît.

A cette époque, le rôle d'Edimbourg prend de l'ampleur, à la fois en tant que plus important château du royaume et siège de plus en plus fréquent du royaume. Cela faisait déjà quelque temps que cette ville avait le principal magasin et la principale manufacture d'artillerie royale. Vers l'an 1540, un dépôt y est con-

Le château d'Edimbourg lors du siège par l'armée du Comte de Hertford en 1544

Edinburgum Scotiae Metropolis, vers 1582. Par Braun et Hogenburg, Amsterdam.

Sir William Kirkcaldy de Grange par Clouet.

Le château d'Edimbourg en 1647, d'après Gordon de Rothiemay.

Le château d'Edimbourg, vers 1780, par Alexander Nasmyth.

struit pour conserver les archives de l'état. L'attaque d'Edimbourg en 1544 par des forces anglaises nous aide, en quelque sorte, à mieux comprendre ce château: durant cette campagne un agent anglais fait des plans d'archives qui en fournissent la première représentation précise. On y voit la tour de David à une extrémité de la muraille placée en travers du côté est de l'escarpement rocheux du château, avec une tour circulaire à l'autre extrémité qui semble faire partie de la tour de garde réservée au Connétable ; bien à l'abri, derrière les murailles, on y voit également un certain nombre de bâtiments moins importants. Pour la première fois nous avons une image assez nette de l'aspect probable du château.

Bien que le château n'ait pas été sérieusement menacé lors de cette attaque, on a immédiatement décidé de renforcer ses défenses; un ingénieur italien eut pour mission de construire un bastion d'artillerie devant la muraille transversale. Il est probablement juste d'affirmer que l'importance militaire et politique du château commence, à cette époque, à dépasser sa fonction de résidence royale, sauf pendant les périodes critiques, et que des logements plus confortables et plus spacieux destinés à la Maison du roi ont été implantés ailleurs, comme par exemple dans l'abbaye de Hollyrood. Marie Ière Stuart choisit de donner naissance à son fils dans le château, en 1566, plus probablement pour son importance symbolique que pour le confort de ses appartements royaux.

Pendant la deuxième moitié du XVIème siècle, l'Ecosse est déchirée par d'importants conflits internes et le château en occupe souvent l'avant-scène. En 1573, ses murs sont mis en pièces par l'artillerie Kirkcaldy de Grange cherche à le conserver pour le compte de la Reine Marie. Pendant les 15 années suivantes, les défenses du côté est de l'escarpement rocheux du château sont transformées. Les ruines de la tour de David sont alors entièrement enveloppées d'une muraille incurvée et massive surmontée d'une plate-forme d'artillerie que l'on appelle la batterie demi-lune. Une muraille transversale fortement renforcée et surmontée de la batterie de la première enceinte est érigée en travers de cet escarpement rocheux. Un nouveau corps de garde, connu aujourd'hui sous le nom de Porte à Herse, remplace le corps de garde de l'ancienne tour du Connétable. D'autres travaux majeurs sont entrepris de 1615 à 1617 pour préparer le premier retour de Jacques VI après qu'il soit devenu Jacques Ier d'Angleterre et d'Irlande à son couronnement de 1603. Mais ces travaux essentiellement domestiques portent sur l'agrandissement du palais afin d'y installer des logements dignes du roi.

Une gravure de 1647 représente le château tel qu'il devait apparaître à cette époque. Bien que sur cette illustration la totalité du château, tout en haut de l'escarpement rocheux soit entourée d'une muraille, le château proprement dit se limite à la partie la plus haute de cet escarpement : le palais et le grand hall bordent deux côtés d'une cour et un dépôt de munitions (qui a l'origine servait d'église) borde le troisième côté. La petite chapelle Sainte-Marguerite, après agrandissement, sert de poudrerie ; elle se trouve à une certaine distance au nord ; enfin, la batterie demi-lune, hérissée de canons, domine les approches de la ville. Devant ce château on voit le bastion, restauré tant bien que mal, vers l'an 1540.

Après cette date, le rôle royal résidentiel de ce château disparaît pratiquement, bien qu'en 1672 une partie du palais soit aménagée pour devenir la résidence officielle du duc de Layderdale, qui était alors le "Commissioner" c'est-à-dire le représentant de la couronne auprès du parlement écossais, mais c'est exceptionnel. Nous avons déjà mentionné, en passant, la sécularisation des deux lieux du culte du château et que les forces d'occupation de Cromwell, vers l'an 1750, commencent à transformer les bâtiments royaux à des usages militaires en divisant le grand hall en plusieurs casernes. A partir de cette époque, le château sert essentiellement de forteresse et de caserne, ce qui explique les opérations de construction qui y ont lieu. Le creusement du fossé en travers de l'entrée avant commence vers cette époque et, une vingtaine d'années après, des travaux importants d'amélioration sont apportés aux défenses. D'autres plans portant sur les défenses extérieures sont lancés en 1708, mais doivent être abandonnés peu de temps après, bien qu'à cette même époque un nouveau bloc de casernes pour officiers ait été érigé sur le côté ouest de la place principale du château. Des réparations et des reconstructions ont de nouveau lieu au niveau des murailles, vers 1720 puis vers 1740. En 1742, une maison élégante est bâtie pour le gouverneur, à l'extrémité nord-ouest du principal groupe de bâtiments.

Depuis sa réalisation, le château avait subi plusieurs assauts dont certains ont nécessité des travaux considérables de réparation et de renforcement, comme nous l'avons déjà mentionné. En 1640, le général Leslie assiège et prend le château pour le compte des Convenantaires qui s'opposaient à l'introduction de l'anglicanisme en Ecosse. En 1650, cette forteresse est capturée par Cromwell. Le Duc de Gordon cherche, sans succès, à défendre ce château pour le roi Jacques VII contre les forces de

Le prince Charles-Edouard Stuart par Antonio David.

Vue du château en 1719.

Guillaume et Marie, en 1689. En 1715, les Jacobites cherchent à l'investir pour remettre le Prétendant sur le trône. Les dernières actions militaires qu'a dû subir le château ont lieu en 1745 lorsque les forces du Jeune Prétendant cherchent de nouveau à le prendre, mais sans enthousiasme.

Dans la deuxième moitié du XVIIIème siècle, les défenses du château ressemblent à ce que nous connaissons aujourd'hui et, depuis cette date, les activités de construction se limitent essentiellement aux ouvrages à l'intérieur des murailles. Entre 1748 et 1754, une nouvelle poudrerie flanquée de dépôts de munitions est bâtie à l'extrémité ouest de l'escarpement rocheux. En 1796, des énormes casernes sont construites, vers le sud de ce promontoire,

Propositions de restauration et
d'addition de nouveaux
bâtiments, 1859.

Les anciens dépôts de
munitions, vers 1870.

pour y héberger les soldats engagés dans plusieurs guerres contre la France. Cependant,
vers le début du XIXème siècle, cet emploi
strictement utilitaire du château commence à
changer car on avait pris conscience de son importance sur le plan historique et peut-être également du fait de ses associations romanti-
ques. Bien qu'à cette époque il y ait encore
beaucoup de constructions et de reconstructions, on s'est efforcé de vérifier que tous les
nouveaux ouvrages envisagés ne viennent pas
abîmer le cadre général.

En 1846, la Chapelle Sainte-Marguerite
est redécouverte au beau milieu de bâtiments
plus récents ; elle est alors restaurée pour lui
redonner la forme qu'elle était sensée d'avoir
au XIIème siècle. En 1858, les travaux de reconstruction commencent sur une partie des
murailles ouest pour leur donner un profil plus
pittoresque, mais ce projet est abandonné à la
suite des protestations du public. Plusieurs
plans sont proposés pour effectuer des "amé-
liorations" sur une échelle grandiose, y com-
pris une proposition qui aurait impliqué la reconstruction pratiquement totale du château.

Les travaux de restauration les plus importants sont probablement ceux qui ont lieu, vers
1880, dans le grand hall et dans la porte à
herse. En outre, à cette époque, une nouvelle
entrée est bâtie sur le flanc est du château : elle
surplombe l'esplanade. Le dernier projet important porte sur la construction du Monument
aux morts National Ecossais, vers 1920.

Cette longue histoire a donné un complexe
fascinant d'ouvrages qui, globalement, ne re-
présentent pas une période unique du passé de
ce château mais qui montrent, individuelle-
ment, comment chaque génération a su modi-
fier son patrimoine pour l'adapter à ses besoins spécifiques.

Le château d'Edimbourg vers
1856, par Thomas Keith

VISITE GUIDEE

1 L'ESPLANADE

La zone dégagée qui se trouve devant le château et qu'on appelle l'Esplanade se trouve en grande partie sur la crête rocheuse créée par l'action des glaciers d'un volcan éteint pour former l'escarpement rocheux du château. Cependant, il doit sa forme présente aussi bien à l'homme qu'à la nature. Cette crête a été nivelée et élargie pour former une place où peuvent défiler des troupes, au milieu du XVIIIème siècle, en utilisant les matériaux retirés du chantier de l'Exchange (c'est-à-dire la Bourse), qui est devenue aujourd'hui le City Chambers (l'hôtel de ville), sur le côté nord de la High Street. Les murailles décorées qui la bordent, de chaque côté, ont été rajoutées entre 1816 et 1820. Cette esplanade constitue aujourd'hui un prélude spacieux du château et domine un panorama splendide sur Edimbourg et la campagne avoisinante.

2 LE CORPS DE GARDE

Etant donné que ce côté du château a toujours été le plus vulnérable, il constitue également son point d'entrée naturel. C'est là que sont concentrées, depuis toujours, ses principales défenses, bien que ces dernières, tout au long de la longue histoire du château aient pris différentes formes. Le corps de garde actuel a été construit en 1887, époque à laquelle on considérait qu'il n'était pas vraiment nécessaire de défendre sérieusement le château ; c'est pourquoi il cherche essentiellement à recréer une entrée digne du château qu'il représente, sans tenir compte de la logique militaire ou historique. Il a ensuite été embelli, en 1929, par les statues de Robert Ier Bruce et de William Wallace qui ont été ajoutées de chaque côté. Cependant, bien que le style du corps de garde n'ait rien à voir avec les bâtiments précédents de ce site, son plan, à tout le moins, dépendait des défenses actuelles étant donné qu'on a décidé de conserver le fossé qui sépare l'escarpement rocheux du château de l'esplanade. Ce fossé avait été commencé par l'armée de Cromwell, vers 1650, mais il a fallu plus d'un siècle pour l'achever. Pour que le fossé puisse bien longer les remparts qui se trouvent derrière, il a fallu lui donner une forme creuse à trois côtés, forme qui a été reproduite en 1887 sur le corps de garde. Il est intéressant de noter que le pont escamotable de cet ouvrage est en fait le dernier pont-levis construit en Ecosse.

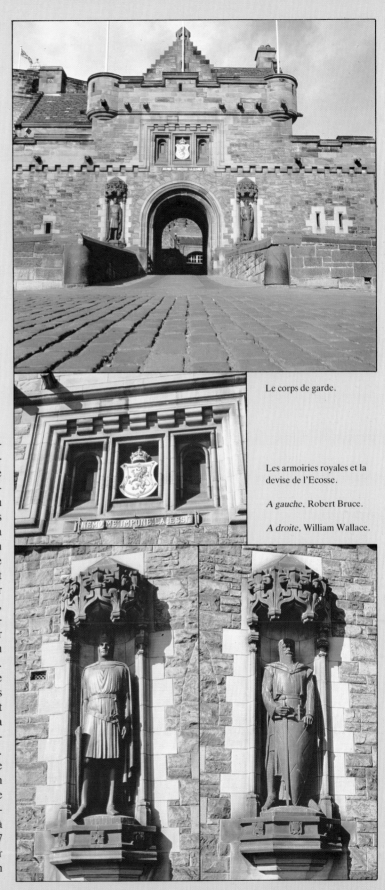

Le corps de garde.

Les armoiries royales et la devise de l'Ecosse.

A gauche, Robert Bruce.

A droite, William Wallace.

9

La batterie demi-lune vue du dessous.

IN MEMORY OF SIR WILLIAM KIRKALDY GRANGE, JUSTLY REPUTED TO BE ONE OF THE BEST SOLDIERS AND MOST ACCOMPLISHED CAVALIERS OF HIS TIME, HE HELD THIS CASTLE FOR QUEEN MARY FROM MAY 1568 TO MAY 1573 AND AFTER IT'S HONOURABLE SURRENDER SUFFERED DEATH FOR DEVOTION TO HER CAUSE ON 3RD AUGUST 1573

Plaque à la mémoire de Kirkcaldy de Grange sur le mur inférieur de la batterie de la première enceinte.

3   LA BATTERIE DEMI-LUNE

Jusqu'au XVIIème siècle, la principale ligne de défense du château se trouvait derrière les défenses externes actuelles, et les murs massifs qui se dressent devant le visiteur, après avoir passé le corps de garde, se trouvent à peu près au niveau de la muraille bâtie en travers du côté est du promontoire rocheux au XIVème siècle. Cependant, tout ce que l'on peut voir aujourd'hui ne remonte pas plus loin qu'au XVIème siècle. Sur le côté gauche, il y a la grande muraille incurvée de la batterie demi-lune érigée vers 1570 pour servir de plate-forme d'artillerie dominant les approches du château sur ce flanc. Dans divers emplacements de ces murs sont incorporés les restes déchiquetés d'une tour bâtie pour le roi David II en 1368 et abattue pendant le siège de 1573.

4   LA BATTERIE DE LA PREMIERE ENCEINTE

A droite de la batterie demi-lune se trouve la muraille droite de la batterie de la première enceinte. Telle qu'elle se présente à l'heure actuelle, elle a à peu près le même âge que la batterie demi-lune bien qu'elle comporte une partie d'un mur remontant à environ 1540. Sous le point de raccordement des deux batteries se trouve la route d'accès qui traverse la barrière interne. Cette dernière, bâtie au XVIIIème siècle, constituait à l'origine un obstacle plus formidable qu'aujourd'hui, car elle était précédée d'un fossé.

5   LA PORTE A HERSE

A la tête de la route d'approche se trouve la principale porte du château telle qu'elle a été reconstruite vers 1570 (la porte du château médiéval, connue sous le nom de Tour du Connétable, se trouvait probablement aussi dans cette zone, bien que son emplacement précis ne soit plus connu). Les niveaux inférieurs de cette porte sont enjolivés de décorations de la Renaissance, dont les armoiries du Comte de

Morton qui était Régent d'Ecosse lors de sa construction. Ses niveaux supérieurs remontent à 1886 et remplacent un toit simple du XVIIIème siècle.

6 LA BATTERIE D'ARGYLE

Depuis la zone du château qui se trouve juste à l'intérieur de la porte à herse on a une vague idée de l'aspect que devait avoir le sommet rocheux pendant tout le Moyen-Age. Les larges routes actuelles ainsi que les zones plates importantes sont entièrement artificielles et remplacent un secteur qui jusqu'au XVIIème siècle fut certainement très accidenté. Avant cette date, la partie principale du château se trouvait au sommet de cet escarpement rocheux, à gauche de la porte à herse. On y accédait par un escalier pentu à l'intérieur de la porte. Cet escalier est toujours là, bien qu'il était très certainement entouré d'une muraille de protection extérieure, sous une forme ou une autre, longeant toute la périphérie de ce promontoire rocheux. La batterie, à droite de cette porte, connue sous le nom de Batterie d'Argyle ou batterie des six canons a été bâtie vers 1730 pour le Major-Général Wade qui est surtout connu en Ecosse par le fait qu'il a été à l'origine de tout un réseau de routes et ponts militaires.

7 BATTERIE DU MONT MILL

Au-delà de la Batterie d'Argyle se trouve

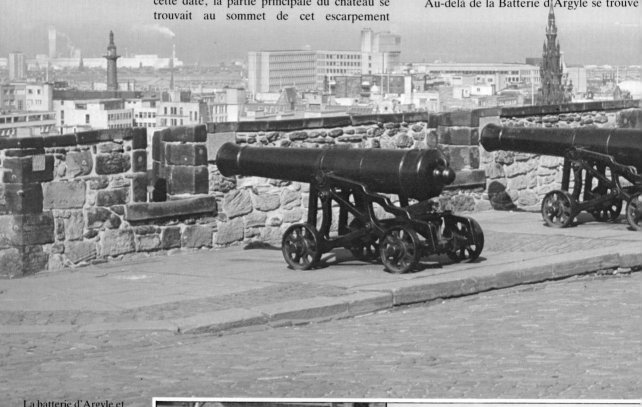

La batterie d'Argyle et des vues du Canon de Treize Heures, de la batterie de Mills Mount, et des fortifications inférieures.

la Batterie du Mont Mill qui domine également le côté nord et offre un panorama splendide sur les jardins de Princess Street et la nouvelle ville d'Edimbourg qui remonte au XVIIIème siècle. Aujourd'hui, il faut faire preuve d'imagination pour réaliser que lors de la construction de ces batteries, Edimbourg se limitait essentiellement à la vieille ville qui allait vers l'est jusqu'à Holyrood alors que le quartier de la nouvelle ville était occupé par des champs. C'est un canon de cette batterie qui tire tous les jours un coup à une heure.

8 LES BASSES DEFENSES

Au-dessous de ces batteries se trouvent des ouvrages d'artillerie appelés les Basses Défenses. Ses premières constructions remontent probablement aux environs de l'an 1540 et avaient pour objectif de constituer une avancée chargée de protéger les flancs de la forteresse avec de l'artillerie, sur le côté est du château, bien que leur forme actuelle remonte aux XVIIème et XVIIIème siècles. Plus tard, il semblerait qu'elles aient servi de jardins du Gouverneur, bien qu'il soit difficile d'imaginer ce qui aurait pu y pousser.

9 LA REMISE A CHARIOTS

A gauche de la Batterie du Mont Mill se trouve une remise à chariots du milieu du XVIIIème siècle surmontée d'une série de toits à deux pentes. Elle a été profondément remaniée depuis sa construction qui remonte à plus de deux siècles et a également servi de caserne et de dépôt de munitions. Aujourd'hui, vous y trouverez une boutique de souvenirs.

10 LA MAISON DU GOUVERNEUR

Elle se trouve dans le bâtiment aux formes classiques et agréables bâti en 1742 ; ses pignons à redans sont probablement un peu démodés pour un bâtiment de cette date. De chaque côté se trouvent deux annexes moins élevées où logeaient le maître armurier et l'intendant. Cette maison sert aujourd'hui de mess des officiers de la garnison du château bien que l'annexe droite soit toujours la résidence officielle du Gouverneur. Derrière ce bâtiment se dresse la masse imposante des nouvelles casernes bâties vers 1790 qui écrasent les autres ouvrages du château.

11 L'HOPITAL

A un niveau inférieur, à l'ouest de la re-mise à chariots et de la maison du gouverneur se trouve l'hôpital auquel on accède par une route. Ce groupe de bâtiments a une histoire compliquée. Une poudrerie, bâtie en 1679, est remplacée en 1748 par un nouveau bâtiment qui a été lui-même élargi en 1753 par des maga-sins de munitions qui le flanquaient et for-maient une cour fermée. Des photographies du XIXème siècle montrent que ces ouvrages pré-sentaient une façade relativement peu intéres-sante au monde extérieur ; c'est pourquoi, vers 1890, au summum de la période des "améliora-tions" apportées au château, il a été décidé de les transformer en hôpital. La poudrerie a été entièrement démolie alors que le bloc nord a été rehaussé et complètement reconstruit dans un style du début du XVIIème siècle. Il abrite aujourd'hui une partie du Musée des Services Unis écossais. Le bloc sud a subi des altérations moins profondes et son étage inférieur qui don-ne sur la cour présente toujours, bien que sous une forme modifiée, l'arcade qu'il avait lors de sa construction.

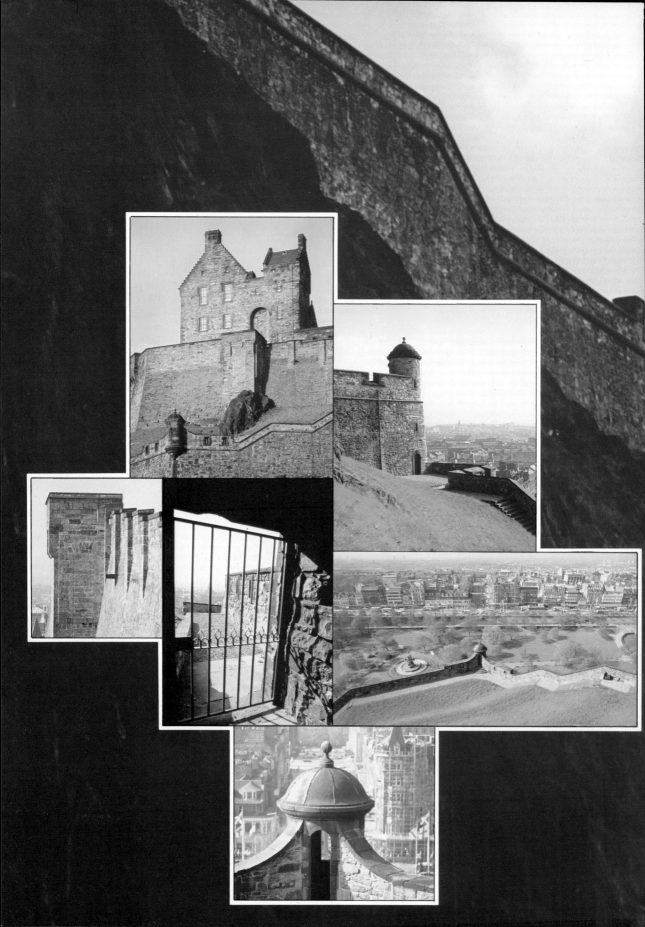

L'action des glaciers, qui se sont déplacés de l'ouest vers l'est, explique que le côté ouest de l'escarpement rocheux du château soit moins pentu que les faces nord et sud. Du côté ouest, la surface rocheuse se termine par des rochers à pic après toute une succession de terrasses ou marches. C'est d'ailleurs pour cette raison que les défenses ont été érigées à deux niveaux à partir du XVIIème siècle, voire avant. Au niveau supérieur, se trouve une terrasse qui existe sous cette forme depuis 1858 et qui longe les côtés nord et ouest de l'hôpital. Les réactions négatives du public ont bloqué la construction d'un bastion important en saillie qui avait été planifié à cette époque pour accroître l'aspect pittoresque de la muraille supérieure. Des plans du château remontant aux XVIIème et XVIIIème siècles montrent que la paroi plus ancienne, en cet emplacement, avait plusieurs rôles et se dressait sous les murs de l'hôpital actuel.

Les murailles inférieures des défenses ouest surmontent les rochers à pic à la base de l'escarpement rocheux, sur le côté ouest, et leur profil irrégulier est dicté par la formation naturelle de ce site. Leur forme actuelle remonte aux environs de 1730, bien que les premières tentatives de création d'un passage derrière les murailles du niveau inférieur remontent au règne de Charles II. Il y a des postes de garde à deux des changements d'angle de cette muraille : le poste nord s'appelle le Poste de la Reine alors que celui au sud est proche du site qu'occupait une petite poterne du château. Un escalier, à l'intérieur d'une tourelle à la jonction sud des deux niveaux des défenses ouest, constituait le principal moyen d'accès entre ces deux ensembles.

Façade arrière des nouvelles casernes vue de l'ancienne parade arrière.

Les Gordon Highlanders au château, à l'époque victorienne, D.O. Hill.

Les escaliers de la batterie de Dury.

En bas, la batterie de Dury.

13 BATTERIE DE BUTTS

Sous leur forme actuelle, les défenses du côté sud du château remontent à 1708-1713. En 1708, un escadron français arrive par bateau dans le Firth of Forth pour aider le fils de Jacques VII (le Prétendant) à conquérir le trône d'Ecosse. Bien que cette tentative n'aboutisse pas, les autorités craignent des insurrections au nord de la frontière entre l'Angleterre et l'Ecosse. C'est pourquoi l'ingénieur militaire pour l'Ecosse, Théodore Dury, prépare les principales forteresses écossaises. Parmi les différentes propositions faites pour Edimbourg, il prévoit la construction d'un vaste ouvrage avancé à l'est du château, mais ces travaux sont abandonnés peu de temps après leur début. Dury dut se contenter d'améliorer les logements à l'intérieur du château et les périmètres de défense dont faisait partie cette batterie qui doit son nom à l'emplacement du Butts, c'est-à-dire le terrain où les archers s'entraînaient.

14 LA VIEILLE PARADE ARRIERE

Cette zone connue sous le nom de Vieille Parade Arrière est entièrement dominée par les nouvelles casernes érigées vers 1790. Du fait de la pente de l'escarpement rocheux au sud, il a fallu mettre en place des fondations importantes pour ce bâtiment, sur ce côté. C'est pourquoi les grandes arches qui semblent aujourd'hui être un simple ouvrage décoratif étaient ouvertes aux intempéries jusqu'à leur comblement au XIXème siècle. Il convient de noter que l'architecture des casernes est très austère sur cette façade et qu'il y a très peu d'embellissements, comme par exemple ceux qui viennent alléger la présence massive de la façade nord. En règle générale, il semble vrai que les architectes des bâtiments du XVIIIème siècle, à l'intérieur du château, aient fait peu d'efforts pour présenter au monde extérieur une façade moins austère, et c'est pour réagir contre ce principe que l'on a cherché au siècle suivant à "améliorer" le château.

15 LA BATTERIE DE DURY

Le nom de Théodore Dury, qui a reconstruit les murailles sud du château au début du XVIIIème siècle, est commémoré par le nom de cette batterie. Du fait de la configuration rocheuse, elle est considérablement plus élevée que la batterie de Butts et que la vieille parade arrière, bien que ces deux niveaux soient reliés par un escalier très long.

16 LA PRISON MILITAIRE

Derrière la Batterie de Dury se trouve la

petite prison militaire bâtie vers 1842. Ce bâtiment est intéressant pour deux raisons. Tout d'abord, il remonte à une période où on réfléchissait beaucoup sur les utilisations et l'architecture des prisons et en deuxième lieu, son architecture finale reflète les efforts consentis pour donner aux bâtiments du château une forme digne de leur cadre historique. Cette prison avait pour objectif de recevoir des délinquants de toutes les garnisons écossaises et non pas uniquement du château d'Edimbourg et sa forme est due au fait qu'il fallait interner tous les prisonniers dans des cellules individuelles. Deux étages de cellules entourent un espace central et des galeries en fonte longent tout le pourtour du deuxième étage. Les cellules proprement dites, bien que très loin d'être confortables et agréables, sont relativement spacieuses et pouvaient bénéficier du chauffage central. Sur le plan extérieur, ce bâtiment présente un intérêt architectural du fait de la variété de ses formes et du regroupement les unes aux autres des différentes parties qui le composent. Cette prison n'est plus utilisée depuis 1923.

17   LES SOUTERRAINS

Lors de la construction du Grand Hall, sur la face sud de l'escarpement rocheux du château, au début des XVème et XVIème siècles, il a fallu ériger toute une série de grands soubassements souterrains au-dessus de la surface rocheuse pentue afin d'obtenir un plancher horizontal dans le Hall, à la hauteur de la place principale du château. Ces souterrains, cependant, ne se limitent pas à la zone du Hall mais se prolongent vers l'ouest, sous la partie qu'occupe aujourd'hui la caserne de la Reine Anne. Bien que ces souterrains ne soient qu'un moyen d'obtenir de bonnes assises pour bâtir le bâtiment qui les surplombent, ils ont eu différents usages tout au long de leur histoire. Ils ont ainsi servi d'arsenal, de caserne, de boulangerie et d'entrepôts. Mais on se souvient toujours de leur utilisation comme lieu de détention de prisonniers de guerre étrangers, en particulier de Français capturés lors des guerres contre la France pendant la deuxième moitié du XVIIIème siècle et au début du XIXème. On peut encore y voir des graffitis de prisonniers, en particulier dans la maçonnerie de la tour d'entrée principale qui donne sur un côté de la batterie de Dury. Un aperçu intéressant de la vie de ces prisonniers est révélé par un certain nombre de produits artisanaux qui ont survécu à cette époque et qu'ils vendaient. Il y a ainsi une très belle maquette de bateau qui est exposée au Musée des Services Unis Ecossais.

L'un de ces souterrains abrite aujourd'hui le magnifique canon de siège du type bombarde qui a reçu le nom de Mons Meg. Ce canon fabriqué vers 1440 pour le Duc de Bourgogne, probablement à Mons, qui se trouve aujourd'hui en Belgique, a été envoyé à son neveu par alliance, le roi Jacques II, en mai 1457. Il a connu une longue carrière mouvementée dans l'armée écossaise avant d'exploser lors du tir d'une salve d'honneur et d'être abandonné. Plus tard, il est exposé pendant de nombreuses années à la Tour de Londres avant de revenir à Edimbourg en 1829 où il occupait une position de choix à proximité de la Chapelle Sainte-Marguerite. On s'est rendu compte que son métal souffrait des intempéries, et c'est pourquoi on l'a mis dans ce souterrain pour le protéger.

18 HAWK HILL

La route qui monte et passe devant l'entrée des prisons françaises et de la prison militaire aboutit au deuxième point le plus haut de l'escarpement rocheux du château. Ce quartier a pris le nom de Hawk Hill. Il comportait plusieurs petits bâtiments, probablement dès la fin du Moyen-Age, mais les premiers ouvrages sur lesquels on connaît certaines choses remontent en fait au règne du roi Charles II durant lequel un poste de garde et une batterie d'artillerie y ont été bâtis. Ils ont été remplacés par les bâtiments plus importants qui se trouvent aujourd'hui sur les flancs nord et ouest de cette colline : la maison du gouverneur (1749) et les nouvelles casernes (1796). A la date d'achèvement de ces ouvrages, Hawk Hill était devenue probablement la partie la plus importante du château étant donné que les vieux bâtiments royaux de son cœur médiéval avaient tous été convertis à des utilisations moins importantes et que ce n'est pas avant les restaurations du XIXème siècle qu'ils devaient retrouver leur splendeur d'antan.

Hawk Hill vue d'en bas

Les nouvelles casernes

22

19 LA PORTE DE FOOG

On a déjà dit que l'accès à l'enceinte supérieure du château médiéval se faisait par les escaliers Lang (Lang Stairs), sur le côté de la porte à herse. Mais, après nivellement de l'escarpement rocheux du château et la mise en place de routes bien aménagées, il a été possible de créer une entrée dans la muraille supérieure, à l'endroit où la roche avoisinante atteint son point culminant, à l'est de Hawk Hill. Bien que nous ne sachions pas exactement la date exacte de cette réalisation, on peut affirmer que cela s'est fait pendant le règne du roi Charles II pendant lequel la muraille actuelle a été érigée le long de la bordure ouest de l'enceinte supérieure. Des ouvertures ont été pratiquées dans cette dernière pour des pièces d'artillerie et une simple porte appelée mystérieusement la porte de Foog a été creusée dans un repli de cette muraille afin de la protéger par des créneaux percés au flanc de la muraille voisine.

20 LA PLACE DE LA COURONNE

Au cœur du château de la fin de l'époque médiévale se trouve un espace dégagé appelé la Place de la Couronne et bordé des éléments les plus étroitement associés au statut de résidence royale de cet ensemble. Cependant, sur les quatre bâtiments qui délimitent aujourd'hui cette place, deux d'entre eux uniquement contiennent des ouvrages qui remontent véritablement à l'époque médiévale.

21 LE MONUMENT AUX MORTS NATIONAL ECOSSAIS

Ce mémorial est le plus moderne des bâtiments qui entourent la Place. Sa forme actuelle remonte aux années vingt. Il occupe le site de l'église médiévale Sainte-Marie qui a été transformée en dépôt de munitions au XVIème siècle. Le cœur du bâtiment actuel a été érigé en 1755 et devait servir de caserne bien qu'il faille vraiment écarquiller les yeux pour identifier les éléments qui remontent à cette période. La décision de le transformer en monument aux morts a été prise après la Grande Guerre de 1914−1918 et Sir Robert Lorimer en a terminé les plans en 1924. Il a été inauguré par le Prince de Galles en 1927. Sur le plan extérieur, les principales modifications apportées au bâtiment précédent sont l'adjonction d'une abside polygonale au nord et l'élaboration de l'entrée sur la façade qui donne sur la place de l'église, avec des décorations sculptées. Bien que sur le plan extérieur, les modifications soient discrètes, pour ne pas jurer avec le bâtiment mitoyen, l'intérieur, plus richement traité, constitue un hommage très émouvant aux morts Ecossais. Le bâtiment du XVIIIème siècle a été transformé en nef à colonnades et à voûtes avec son apogée dans l'abside qui se trouve face à l'entrée et qui accorde une place de prédilection au coffret qui contient le nom des morts. La qualité de cet intérieur est fortement rehaussée par des vitraux de Douglas Strachan.

De haut en bas
Façade du monument aux morts.
Mémorial des infirmiers.
Mémorial des bataillons écossais.
Hall d'honneur, donnant vers l'est.

Ci-contre, coffret de Saint-Michel.

22 LA CASERNE DE LA REINE ANNE

L'autre ouvrage relativement moderne proche de la place de la Couronne est le bâtiment qui abrite la principale collection du Musée des Services Unis Ecossais. Il occupe en fait une partie de la plate-forme formée grâce aux souterrains qui remontent à la fin du XVème siècle et sur lesquels reposent le Grand Hall. A l'origine, il y avait un bâtiment d'artilleurs et une batterie. L'immeuble actuel fut réalisé peu de temps après 1708 pour y cantonner les officiers de la garnison. Il comporte deux ensembles parallèles disposés de part et d'autre d'une cour fermée qui a la forme d'un couloir.

Soldat de la compagnie des grenadiers, 25ème régiment d'infanterie, qui s'appelle aujourd'hui "The King Own Scottish Borderers", 1751.

De haut en bas

Groupe d'officiers, artilleurs volontaires de Forfar et Kincardine, fin du XIXème siècle.

Cornemuseurs des gardes écossaises, vers 1900.

Sergent Ewart, Royal Scots Greys saisissant l'aigle du 45ème Français à Waterloo, 1816. Aquarelle de William Wollen.

Ci-contre, plusieurs vues du Grand Hall.

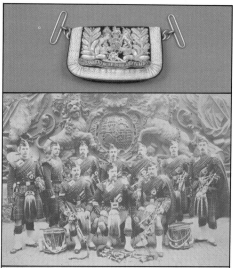

23 LE GRAND HALL

Au début du Moyen-Age, ce Hall était le principal lieu où se retrouvaient tous les occupants d'un palais ou d'un château. Tous les domestiques avaient plus ou moins le droit de s'y trouver. Il y avait probablement un Hall sur cet escarpement rocheux d'Edimbourg dès l'an 600, époque à laquelle les combattants du roi britannique Mynyddog s'y réunissaient. Cependant, ce Hall qui était probablement en bois, disparut complètement. De nombreuses références corroborées indiquent l'existence de Halls ultérieurs dans le château pendant tout le Moyen-Age, comme par exemple la pose d'un nouveau toit sur l'ordre de Robert II vers la fin du XIVème siècle. Ces ouvrages n'ont pas non plus laissé de vestiges et nos connaissances se limitent à la dernière série de bâtiments de ce type, c'est-à-dire le Hall bâti pour Jacques IV.

Lorsqu'il en ordonne la construction, la fonction de ce bâtiment avait bien changé. Il avait toujours un usage communal, bien que limité, et servait essentiellement de lieu de célébration des grandes occasions.

L'espace confiné disponible pour un tel bâtiment au point culminant de l'escarpement rocheux explique qu'avant de pouvoir l'ériger, il fallut créer une base nivelée et horizontale en construisant des fondations massives à souterrains, ce qui n'était pas une mince affaire vu les connaissances techniques de l'époque. Le Hall proprement dit était rectangulaire et éclairé par de grandes fenêtres dans sa façade sud. On y pénétrait par une porte qui se trouvait vers l'extrémité ouest et qui était séparée de l'élément principal du Hall par des écrans en bois pour éviter les courants d'air. La partie la plus importante de ce Hall était à l'extrémité est. C'est là que le roi et les principaux membres de sa cour prenaient place. L'élément le plus spectaculaire de ce Hall était son toit à charpente en bois visible et aux formes élaborées dont une ossature de support aux détails très fins à poutres s'appuyant en porte-à-faux sur le mur maître au niveau de blochets à mi-bois. Heureusement, c'est l'un des rares éléments de la structure d'origine qui aient pu être préservés intacts.

Le Hall a connu de nombreux hauts et bas tout au long de son histoire. Pour commencer, il sert de caserne et en 1650 est progressivement divisé en plusieurs parties en y rajoutant des cloisons et des planchers. Plus tard, il sert d'hôpital. La décision de le restaurer et de lui redonner son architecture d'origine est prise au XIXème siècle. La restauration, basée sur les plans d'Hippolyte Blanc et financée par l'éditeur William Nelson, dure de 1887 à 1891.

Les appartements privés du roi et de son entourage immédiat semblent occuper la pointe sud-est de l'escarpement rocheux depuis le XIVème siècle, voire avant. C'est dans cette partie du château que David II commence à bâtir en 1368 une tour destinée à son usage personnel, tour qui fut progressivement élargie et agrandie pendant une longue période couvrant la fin du Moyen-Age. Le cœur du palais actuel, sur le côté est de la place de la Couronne, était à l'origine probablement constitué d'une grande chambre dont nous savons que Jacques Ier a financé la construction sur le côté de la cour, vers 1430. Cependant, c'est probablement au début du XVIème siècle que Jacques IV commence à donner au palais la forme qu'il a de nos jours, période durant laquelle il fait également construire le grand Hall mitoyen. Marie Ière Stuart et son deuxième époux, le Baron Henry Stuart Darnley ordonnent certaines modifications. A ce sujet, on peut voir au-dessus d'une des portes l'inscription de la date 1566 suivie des initiales MAH (Mary and Henry). Un demi-siècle plus tard, il subit de nouveaux changements pour préparer le retour de Jacques VI. C'est à cette époque que sa par-

tie nord est rehaussée et reçoit une série plus régulière de fenêtres conformes aux goûts plus classiques du moment. Le dernier changement important apporté à l'extérieur du palais remonte au début du XIXème siècle. La toiture en forme de dôme de la tourelle de l'escalier qui donne sur la place de la Couronne est supprimée ; cette petite tour, pour des raisons plutôt absurdes, est rehaussée pour que l'étendard principal du château puisse y flotter.

Certaines parties du Palais sont aujourd'hui réservées au Musée des Services Unis Ecossais. Cependant, deux pièces sont particulièrement intéressantes en ce qui concerne l'histoire du château. La première est une petite chambre du rez-de-chaussée qui donne sur ce qui était autrefois la chambre de la Reine, dans laquelle Marie Ière Stuart a donné naissance au futur Jacques VI ; elle est redécorée lors du retour de ce dernier, pour commémorer cet événement auquel, sans aucun doute, ce roi attachait une grande importance. La deuxième salle est en fait une chambre voûtée du premier étage qui abritait les insignes royaux, c'est-à-dire la couronne, l'épée et le sceptre, insignes qui allaient y être emmurés après l'Acte d'Union de 1707. En 1818, cette salle devait finalement être rouverte et ces insignes royaux y sont exposés.

La couronne d'Ecosse.

Le palais vu du pied du château.

Détails de fresques dans la chambre de la reine.

Pièce de maçonnerie datée et portant les initiales de Marie Ière Stuart et du Baron Darnley.

Marie Ière Stuart, détail d'un tableau d'un artiste inconnu.

Jacques VI par Vanson

25 LA BATTERIE DEMI-LUNE

On a déjà mentionné que la tour que fit construire David II au coin sud-est du château est abattue pendant le siège de 1573 et que les murailles de la batterie demi-lune se dressent ensuite autour de ces ruines. Depuis l'intérieur de l'entrée actuelle du château on peut voir les murs de la batterie au-dessus des approches, mais ce n'est que depuis la plate-forme d'artillerie que l'on réalise le panorama remarquable des défenseurs du château au-dessus des terres qui se trouvent à l'est. Néanmoins, en dépit des avantages dont bénéficiaient ces défenseurs, cela n'a pas empêché la prise du château lors des sièges de 1650 et de 1689. Pendant ces deux sièges, le parapet de protection qui les surmonte subit des endommagements si importants qu'il fallut, dans une grande mesure, le reconstruire. La plate-forme qui se trouve en haut de la batterie est au même niveau que les principaux bâtiments qui surmontent l'escarpement rocheux du château et il faut faire preuve d'imagination pour se rendre compte que, du fait de la formation rocheuse en ce point, il reste encore deux étages de la tour de David

Anciens souterrains intégrés aux batteries demi-lune et de la première enceinte

Les batteries de la première enceinte et demi-lune

sous cette plate-forme. Le rez-de-chaussée actuel de cette batterie repose sur toute une série de souterrains qui ont servi pendant longtemps de réserve d'eau du château.

26 LA BATTERIE DE LA PREMIERE ENCEINTE

L'histoire de cette Batterie, telle qu'elle est aujourd'hui, ressemble énormément à celle de la Batterie demi-lune, étant donné qu'elle est construite après le siège de 1573 et réparée après ceux de 1650 et 1689. Cependant, au début de l'histoire du château, les défenses en ce point étaient relativement plus compliquées étant donné que la principale muraille qui barrait l'extrémité est de l'escarpement rocheux avait toujours suivi un tracé identique à celui de la muraille actuelle de la Batterie. Lorsqu'on plonge le regard vers le bas, depuis la tête de cette muraille, on en voit très bien la raison. Tout au long de ce tracé, l'escarpement rocheux du château s'élève brusquement pour ne laisser qu'une voie étroite d'approche jusqu'au point d'entrée naturel où se trouve aujourd'hui la porte à herse. De ce fait, les défenseurs de cette section de muraille avaient un avantage considérable sur ceux qui cherchaient à s'infiltrer dans le château et à s'approcher un peu trop près de la porte, étant donné qu'ils devaient parcourir une distance considérable exposés aux tirs des défenseurs, depuis la muraille et la porte.

27 LA CHAPELLE SAINTE-MARGUERITE

Le dernier des bâtiments que l'on voit dans le château est en fait l'ouvrage le plus récent qui ait survécu. Il s'agit de la petite chapelle dédiée à Sainte-Marguerite, femme du roi Malcolm III et mère des rois Edgar, Alexandre Ier et David Ier. On ne sait rien de la date de construction de cette chapelle, mais d'après son architecture on peut probablement affirmer qu'elle a été construite pendant le règne du roi David Ier qui a été couronné en 1124. Il s'agit aujourd'hui d'un ouvrage totalement indépendant alors que pendant de nombreuses années il fut relié à d'autres bâtiments et servit à différents usages laïques. Ce n'est qu'en 1845 que l'on redécouvre sa vocation d'origine. Sa restauration lui redonne ce qu'on croyait être sa forme d'antan. Bien que sur le plan extérieur il s'agisse d'un bloc rectangulaire sans prétention, son intérieur relativement plus complexe est divisé en deux parties par une très belle arche décorée de motifs en zigzag. A l'extrémité est, après l'arche, se trouve une abside voûtée et semi-circulaire qui contient l'autel alors que la plus grande partie de la chapelle se situe dans la nef rectangulaire qui pouvait recevoir des fidèles. Cette nef est également voûtée bien que les voûtes actuelles furent construites lorsque ce bâtiment servait de poudrerie.

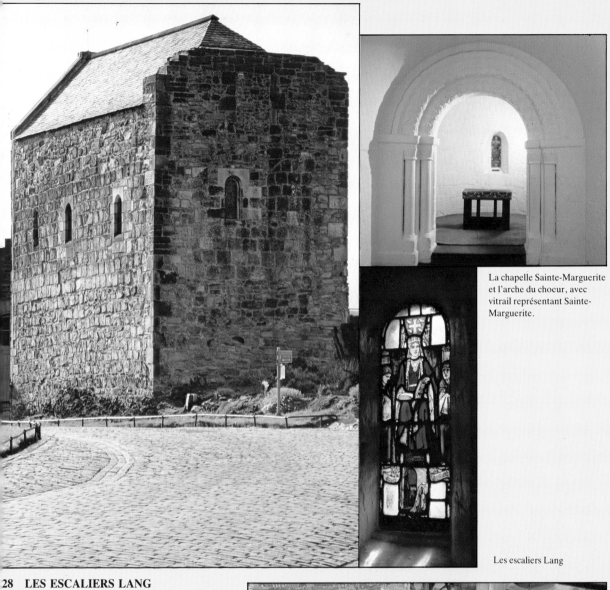

La chapelle Sainte-Marguerite et l'arche du choeur, avec vitrail représentant Sainte-Marguerite.

Les escaliers Lang

28   LES ESCALIERS LANG

Le parcours que suit le visiteur depuis l'enceinte supérieure du château descend des escaliers très pentus que l'on appelle les escaliers Lang et qui reproduisent l'approche principale de cette partie du château qui joua un rôle vital pendant tout le Moyen-Age. Cet escalier longe les étages supérieurs de la porte à herse rebâtie en 1886, conformément à l'idée que l'architecte de l'époque se faisait des portes des châteaux médiévaux; malheureusement, cet architecte n'a pas tenu compte du fait que la porte actuelle avait été bâtie vers 1570, date à laquelle les défenseurs de cet ouvrage avaient remplacé les arcs et les flèches par l'artillerie. On appelle parfois cette porte la Tour d'Argyle étant donné que l'on pense que le neuvième comte d'Argyle passa les derniers jours de sa vie dans une chambres des étages supérieurs de cette porte, avant son exécution.

31

LA CELEBRE RETRAITE AUX FLAMBEAUX D'EDIMBOURG (LE TATTOO)

Pour de nombreux visiteurs, le château vit surtout pendant la célèbre retraite aux flambeaux qui se déroule sur son esplanade et qui est une innovation relativement récente. Le premier "Tattoo" eut lieu lors du premier festival international d'Edimbourg, c'est-à-dire en 1947 et il s'agissait alors d'une manifestation nettement plus modeste. Depuis lors, son envergure a connu une envolée considérable et des échafaudages élaborés ont dû être mis en place au-dessus de l'esplanade, de chaque côté, pour recevoir les nombreux spectateurs.

LES AMIS DES MONUMENTS ECOSSAIS

Les membres de cette organisation des "Amis" ont le droit d'entrer gratuitement dans tous les sites historiques à la charge de la direction des bâtiments et monuments historiques, dans toute l'Ecosse. En plus, vous aurez la satisfaction de participer personnellement à la préservation de l'héritage national de ce pays.

Vous bénéficierez également de réductions pour entrer dans des propriétés anglaises et galloises et un bulletin périodique vous tiendra au courant des développements historiques et archéologiques en Ecosse.

En tant qu'amis, le futur vous permettra de mieux apprécier le passé. Pour de plus amples détails, adressez-vous aux membres du personnel des monuments ou écrivez à l'adresse suivante: Historic Scotland, PO Box 157, Edimbourg.

Printed in Scotland for HMSO by C.C. No.51969 Dd.287730 100c 7/91